출동!

도와줘요
공공기관

사진출처

경찰 박물관

01/ 경찰 박물관 전경(99쪽) 02/ 육모 방망이(100쪽) 03/ 경찰 역사실 1(101쪽) 04/ 경찰 역사실 2(101쪽) 05/ 참경찰 인물 열전(101쪽)
06/ 과학 수사(102쪽, 109쪽) 07/ 교통 경찰(102~103쪽) 08/ 특수 경찰(103쪽) 09/ 사격 체험(104쪽) 10/ 몽타주 만들기 체험(104쪽)
11/ 지문 찾기 체험(105쪽) 12/ 경찰차의 변화(106쪽) 13/ 경찰 근무복 체험(107쪽)

통합교과 시리즈 참 잘했어요 **사회 ❸**

출동! 도와줘요 공공기관

ⓒ 글 손혜령, 2014

1판 1쇄 발행 2014년 2월 17일 | **1판 4쇄 발행** 2023년 7월 10일

글 손혜령 | **그림** 신동민 | **감수** 초등교사모임

펴낸이 권준구 | **펴낸곳** (주)지학사

본부장 황홍규 | **편집장** 김지영 | **편집** 박보영 이지연 | **디자인** 이혜리

마케팅 송성만 손정빈 윤술옥 박주현 | **제작** 김현정 이진형 강석준 오지형

등록 2010년 1월 29일(제313-2010-24호) | **주소** 서울시 마포구 신촌로6길 5

전화 02.330.5263 | **팩스** 02.3141.4488 | **이메일** arbolbooks@jihak.co.kr

ISBN 979-11-85786-84-7 74300

ISBN 978-89-94700-68-7 74300(세트)

잘못된 책은 구입하신 곳에서 바꿔 드립니다.

 제조국 대한민국   사용연령 8세 이상
KC마크는 이 제품이 공통안전기준에 적합하였음을 의미합니다.

 지학사아르볼   아르볼은 '나무'를 뜻하는 스페인어. 어린이들의 마음에
담긴 씨앗을 알찬 열매로 맺게 하는 나무가 되겠습니다.

홈페이지 www.jihak.co.kr/arb/book | **포스트** post.naver.com/arbolbooks

출동!
도와줘요
공공기관

글 **손혜령** | 그림 **신동민** | 감수 **초등교사모임**

지학사아르볼

펴냄 글

사회는 왜 어려울까?

1. 역사·경제·지리·문화·정치 등 공부해야 할 범위가 넓다.
2. 책이나 교과서를 볼 땐 이해할 것 같다가도 돌아서면 헷갈린다.
3. 사회 교과를 공부하기 위해 꼭 알아야 할 단어가 너무 어렵다.
4. 사회 공부 책은 글만 빽빽이 많아서 지루하다.

사회 공부, 쉽게 하려면 통합교과 시리즈를 펼치자!

통합교과란?

▨ 서로 다른 교과를 주제나 활동 중심으로 엮은 새로운 개념의 교과

▨ 하나의 주제를 **개념·역사·경제·사회·과학·수학·인물** 등 다양한 교과 영역에서 접근해 정보 전달 효과를 높임

이런 학생들에게 통합교과 시리즈를 추천합니다!

사회 교과를 처음 배우는 초등학교 **3학년**

사회가 지겹고 어렵게 느껴지는 **4학년**

개념
개념을 알아야
주제가 보인다!
개념 완벽 정리

역사
동화·만화·인터뷰 등
재미있게 풀어낸
이야기를 읽다 보면
역사 지식이
머릿속에 쏙!

예술
우리 사회 속
예술 작품을 통해
창의력을 기른다.

통합교과
시리즈

수학
스토리텔링 수학!
일상생활 속에서
수학적 사고력을
기른다!

사회
정치·경제·지리 등
사회 과목을 세부적으로
파고들어 주제에 대한
이해를 높인다!

체험
글로만 배우는
사회는 그만! 체험을
통해 책에서 얻은
지식을 진짜 내 것으로
만들자!

차 례

1. '나'가 아닌 '우리'를 위해 일해요   개념   공공 기관이란?

16   공공 기관의 정체를 밝혀라!
18   공공 기관, 쏙쏙 알기
20   백화점은 공공 기관일까, 아닐까?
22   공공 기관에서 일하는 사람들, 공무원
26   우리 지역 일은 스스로 해결해요, 지방 자치
28   지방 자치의 두 얼굴! 님비와 핌피

2. 머나먼 옛날에도, 공공 기관이 있었을까요?   역사   옛날 공공 기관 찾기

36   모든 일은 관아로 통한다!
38   우리나라 최초의 소방서, 금화도감
40   옛날 보건소, 혜민서
42   우리나라 최초의 우체국, 우정총국
46   세계 최초의 공공 기관을 찾아라!

3. 공공 기관에 꽃이 피었습니다?!   예술   공공 기관을 편리하고 아름답게! 공공 디자인

54   더 예쁘고 편리하게! 공공 디자인
56   공공 디자인으로 새로 태어난 도시
58   찾아라! 우리나라의 유명 공공 건축물
62   찾아라! 세계의 유명 공공 건축물
68   세계 지하철의 표준이 된 런던 지하철

4. 공공 기관의 밥줄, 세금 [수학] 세금을 통해 알아보는 수의 개념

76	공공 기관에서 필요한 돈은 모두 세금!
78	우리나라 예산 읽기
80	작은 수 읽기 – 일, 십, 백, 천, 만
82	조금 큰 수 읽기 – 십만, 백만, 천만
84	큰 수 읽기 – 억, 조
86	완벽 정복! 큰 수 읽고 쓰기
90	세계의 별난 세금 다 모여라!

5. 공공 기관으로 체험 학습 떠나요! [체험] 경찰 박물관

98	경찰 박물관을 소개합니다!
100	4층 – 경찰의 역사를 한눈에!
102	3층 – 과학 수사 · 특수 경찰이 뭐예요?
104	3층 – 범인아 꼼짝 마라! 경찰 체험
106	3층 – 경찰 옷 입고 경찰차 타고!
110	경찰복 · 소방복은 왜 입나요?
112	**워크북**

등장인물

엉뚱지누

뒤죽박죽 도시의 최고 말썽꾸러기로 바보인지 천재인지 헷갈리는 소년. 열혈지아와 같은 반이지만 성격은 정반대다. 남에게 잘 속고 엉뚱한 행동으로 문제를 크게 만들지만 가끔 문제를 해결하는 데 결정적인 실마리를 주기도 한다.

열혈지아

불의를 보면 참지 못하는 소녀. 초등학생이지만 어른들의 잘잘못을 똑 부러지게 꼬집는 영특한 면이 있다.

어리바리 시장

뒤죽박죽 도시의 시장. 이름도 어리바리,
성격도 어리바리하다. 겁이 많고 소심하기
로 으뜸이다. 시장으로서 어떤 일을 해야할
지 잘 모른다.

공도사

공을 많이 쌓아 공도사, 공짜를 좋아해
서 공도사라 부른다. 공공 기관의 역사
와 관련된 지식으로는 뒤죽박죽 도시에
서 공도사를 따라갈 사람이 없다.

'나'가 아닌 '우리'를 위해 일해요

개념 공공 기관이란?

뒤죽박죽 도시 사람들, 성나다!

사건 사고가 끊이지 않는 뒤죽박죽 도시에
최대의 위기가 찾아왔다!

뭔가 일이
터질 것 같은……

시끌
시끌

웅성
웅성

조, 조용!

시끌
시끌

웅성
웅성

탕
탕

시장님,
이대로는 못 살겠어요.
글쎄 어젯밤에……

무, 무슨
소리지!

도, 도둑
아니에요?

부스럭

도, 도둑이야!

이 나쁜 놈!
감히 우리 집에 들어와?

미안하게 됐수다!
근데 이제 좀
보내 주지?

13

공공 기관의 정체를 밝혀라!

뒤죽박죽 도시 이야기를 보니 어때요? 도둑이 들면 경찰이 잡고, 불이 나면 소방관이 끄면 되는데 이상하다고요? 우리가 사는 도시는 경찰서와 소방서 같은 공공 기관에서 그런 일들을 해 줘요. 하지만 뒤죽박죽 도시에는 공공 기관이 없어서 크고 작은 문제를 해결할 곳이 없지요.

공공 기관이란 모든 사람의 이익을 위한 일을 하는 곳이에요. 여기서 공공은 나라나 사회의 구성원과 관련된 것을 뜻하지요.

사람이 살아가려면 꼭 해야 하는 일이 많아요. 그중에는 혼자서 해결할 수 있는 일도 있지만 그렇지 않은 것도 많지요. 예를 들어 돈을 벌거나, 음식을 먹거나, 집을 청소하는 일은 혼자 할 수 있어요. 하지만 큰불이 났을 때 불을 끄거나, 전염병이 돌지 않게 도시를 청소하는 일은 혼자 할 수 없지요.

이처럼 사람들에게 꼭 필요하지만 혼자서는 할 수 없는 일을 해결해 주는 곳이 공공 기관이에요. 사람들의 불편한 점을 해결하고, 세상을 더 살기 좋은 곳으로 만들어 주지요.

公 共
함께 **공**   여럿이 **공**

공공 기관, 쏙쏙 알기

지역의 살림을 책임지는 시청

시청은 우리 지역의 살림을 맡아보는 대표적인 공공 기관이에요. 이곳에서는 교통·환경·집·복지 등 지역 사람들의 생활과 관계있는 모든 일들을 계획하고 처리해요. 거리에 고약한 냄새가 나지 않도록 쓰레기를 치우고, 부모가 아이 걱정을 덜고 일할 수 있도록 어린이 집을 짓는 등 다양한 일을 하지요.★

★ 우리나라는 구·군·시·도 등으로 지역을 관리하고 있는데, 각각 구청·군청·시청·도청 등이 지역의 살림을 책임진다.

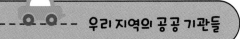
우리 지역의 공공 기관들

공공 도서관 책과 영상 자료 등을 일정 기간 동안 빌려 줘요. 다양한 문화 체험을 할 수 있는 프로그램도 갖추고 있지요.

교육지원청 학생이 좋은 환경에서 공부할 수 있도록 노력하는 기관이에요. 학교가 부족한 지역에는 학교를 짓고, 시설이 낡으면 바꿔 주지요. 또 공부할 때 필요한 자료나 실험 기구, 컴퓨터 등을 지원해요. 선생님이 학생을 더 잘 가르칠 수 있도록 도움도 줘요.

우리 동네의 모든 일을 처리하는 주민 센터

친구들의 집 주소를 살펴보면 'OO구 OO로' 등으로 구분되어 있을 거예요. 나라에서 지역의 작은 일까지 고루 관리하기 위해 지역을 나눈 것인데, 그중 가장 작은 지역을 담당하는 곳이 주민 센터예요.

주민 센터에서는 아이가 태어나면 출생 신고를 받고, 사람이 죽으면 사망 신고를 처리하지요. 또 주민 등록증*을 만들어 주고, 어린이가 학교에 갈 때가 되면 미리 알려 줘요. 그 밖에 가난한 이웃을 돌보거나 홍수·가뭄이 생겼을 때도 이를 해결하기 위해 노력하지요.

★ **주민 등록증** 어느 곳에 사는지를 나타내는 증명서로, 만 17세 이상이 되면 만들 수 있음

경찰서 사람들의 안전과 재산을 보호해요. 범죄가 일어나지 않게 노력하고, 범죄자를 잡는 일을 해요.

소방서 불이 나면 출동해 불을 끄고, 위험에 빠진 사람을 도와요.

우체국 편지·소포·택배 등 우편과 관련된 일을 하는 곳이에요.

백화점은 공공 기관일까, 아닐까?

　공공 기관은 모든 사람을 위한 일을 하는 곳이에요. 잠깐! 그런데 백화점과 놀이공원도 여러 사람이 이용하는 장소인데 왜 공공 기관이 아닐까요? 그뿐만이 아니에요. 보건소와 병원, 공공 도서관과 서점은 비슷한 일을 하는데 왜 다르게 나뉠까요?

　그 이유는 간단해요. 공공 기관은 돈을 벌기 위해 만든 곳이 아니에요. 하지만 백화점, 놀이공원, 서점, 병원은 돈을 벌기 위해 기업 또는 개인이 만든 곳이지요.

　공공 도서관에서 책을 빌릴 때는 돈을 내지 않아요. 하지만 서점에서 책을 사려면 돈이 필요하지요. 또 보건소에서 병을 치료받거

나 예방 접종*을 하려면 돈이 필요해요. 그러나 대부분 무료거나 적은 돈을 내면 돼요. 이와 달리 병원에 가면 꼭 돈을 내야 하고, 치료비도 더 비싸지요.

공공 기관은 무슨 돈으로 운영되느냐고요? 공공 기관은 나라에서 돈을 받아 운영해요. 그 돈은 국민이 내는 세금에서 나온답니다.

물론 나라에서 운영하면서 돈을 버는 기업도 있어요. 그건 바로 공기업이에요. 공기업은 일반 회사처럼 이익을 얻는 데 그치지 않고, 나라와 국민의 이익을 중요하게 여기지요. 사람이 사는 데 꼭 필요한 전기를 공급하는 한국 전력 공사, 물과 에너지를 관리하는 수력 원자력 공사, 도로를 짓고 관리하는 한국 도로 공사, 돈을 만드는 한국 조폐 공사 등이 바로 공기업이에요.

★ **예방 접종** 전염병에 걸리지 않기 위해 맞는 주사

공공 기관에서 일하는 사람들, 공무원

요즘 가장 인기 있는 직업 가운데 하나가 공무원이에요. 공무원은 나라 또는 공공 기관 등에서 일하는 사람을 말해요. 경찰, 소방관, 학교 선생님, 시청 직원이 모두 공무원이지요.

공무원은 나라를 사랑하는 마음은 기본이고 봉사 정신도 갖추고 있어야 해요. 나라를 대표해 국민들을 대하고 국민이 행복하게 살 수 있도록 힘써야 하는 사람이기 때문이에요.

그래서 공무원은 까다롭게 뽑을 수밖에 없어요. 우선 나라에서 치르는 필기시험*에 통과해야 해요. 자기가 일하고자 하는 전문 분야는 물론 국어, 영어, 한국사 등 여러 시험을 치르지요.

경찰이나 소방관이 되려면 체력 시험도 봐야 해요. 위험한 일을 하기 때문에 누구보다 몸이 건강해야 하거든요. 그래서 시력이 매우 나쁘거나 큰 병을 앓고 있는 사람은 시험 자격을 제한하고 있어요.

학교 선생님의 경우 학생을 가르치는 능력을 보기 위해, 실제 수업하는 것도 시험으로 치르지요.

★ **필기시험** 시험 답안을 글로 써서 치르는 시험

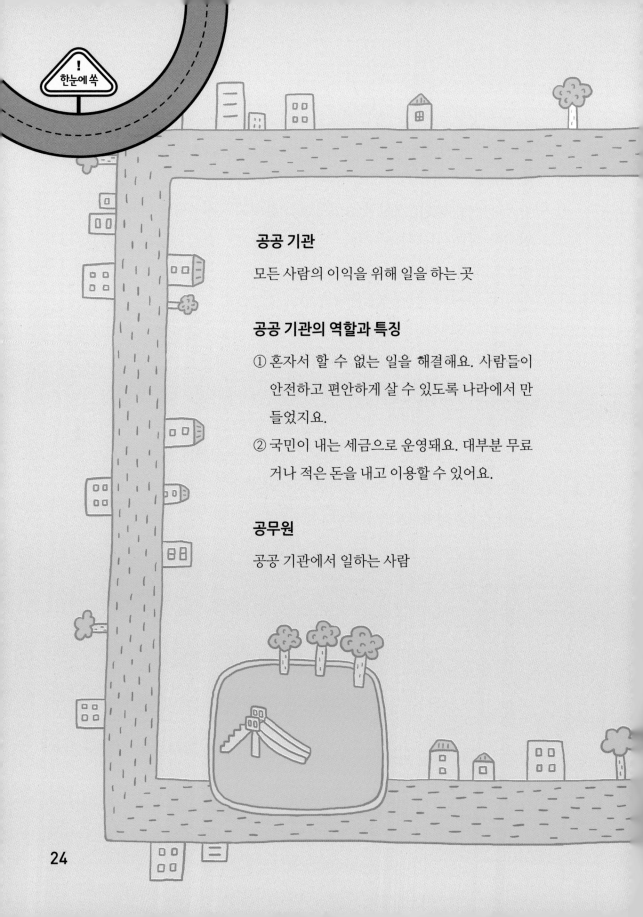

공공 기관

모든 사람의 이익을 위해 일을 하는 곳

공공 기관의 역할과 특징

① 혼자서 할 수 없는 일을 해결해요. 사람들이
안전하고 편안하게 살 수 있도록 나라에서 만
들었지요.
② 국민이 내는 세금으로 운영돼요. 대부분 무료
거나 적은 돈을 내고 이용할 수 있어요.

공무원

공공 기관에서 일하는 사람

우리 지역 일은 스스로 해결해요, 지방 자치

지방 자치=풀뿌리 민주주의

우리 지역 일은 우리 스스로!

무슨 표어★ 같죠? 이 말은 지방 자치를 가장 잘 나타내는 말이에요. 지방 자치는 주민 스스로 자신이 사는 지역을 다스려 살기 좋은 곳으로 만드는 제도라고 할 수 있지요. 앞에서 소개한 공공 기관인 시청이나 도청은 지방 자치 일을 하는 단체예요.

지방 자치 단체의 대표는 그 지역에 사는 주민들의 선거로 뽑아요.★ 시청의 대표인 시장, 도청의 대표인 도지사가 바로 주민들이 투표해 뽑은 사람이랍니다.

지방 자치는 '풀뿌리 민주주의'라고도 불려요. 연약한 풀뿌리가 서로 얽혀 단단한 땅을 만드는 것처럼, 국민 하나하나가 국가 전체에 큰 영향을 미친다는 의미를 담고 있답니다.

自 治

스스로 **자** 다스릴 **치**

★ **표어** 주장하고자 하는 내용을 간결하게 나타낸 말
★ 지방 자치 단체가 제대로 일하고 있는지 감시하는 시·도 의회의 의원도 선거로 뽑는다.

지방 자치를 하면 어떤 점이 좋을까요?

① 우리 지역의 사정을 잘 아는 대표들이 일을 하기 때문에 주민이 원하는 점이나 불만이 **정확하고 빠르게 전달**돼요.

주민들의 바람

도로가 좁아 길이 많이 막힘.
도로가 더 생겼으면 함.

제안 ···▶

지방 자치 단체의 노력

도로를 만들 계획안과 예산안*을 만들고 의논함.
정부에 도로를 만들겠다고 밝힘.

제안 ···▶

정부의 결정

지방 자치 단체가 만든 계획안과 예산안을 따져 봄.
도로를 만드는 데 필요한 돈을 지원할지 말지 결정함.

② 지역의 **장점을 살려 발전**시킬 수 있어요. 사과가 잘 나는 지역은 사과를 더 많이 팔 방법을 찾고, 자연 경관이 빼어난 지역은 관광 도시로 유명해지기 위해 노력해요.

③ 지방이 스스로 일을 해결해 나가기 때문에 **정부에서 어떤 일을 마음대로 결정하거나 처리할 수 없어요.**

⭐ **예산안** 국가에서 수입과 지출을 미리 셈하여 정한 계획

지방 자치의 두 얼굴! 님비와 핌피

정부가 수리 마을에 장애인 학교를 세우겠다고 발표했어요. 그러자 수리 마을 사람들이 반대한다며 들고일어났지요. 이들을 설득하기 위해 공무원이 수리 마을을 찾았답니다. 마을 사람들과 공무원의 서로 다른 주장을 들어 보세요.

마을 대표 나만 알아 동장 좋은 시설만 세워도 모자랄 판에 장애인 학교라니요! 마을 전체의 이미지가 나빠지고 집값도 떨어질 게 뻔해요. 게다가 아이들이 장애인들과 어울려 다니다가 안 좋은 영향을 받을까 봐 꺼림칙해요. 우리 마을에 장애인 학교는 절대 안 됩니다.

지역 이기주의를 보여 주는 님비(NIMBY) 현상

님비는 'Not In My Backyard.(내 뒷마당에 버리지 마.)'의 앞 글자를 따서 만든 말이에요. 장애인 학교·쓰레기 처리장과 같이 생활에 꼭 필요하지만 꺼려지는 시설이, 우리 동네에 들어서는 것을 반대하는 행동을 뜻해요.

공무원 ▷ 몸이 불편하다고 해서 교육의 기회조차 빼앗을 수는 없습니다. 서로 이해하고 배려하면 오히려 살기 좋은 마을로 소문이 나지 않을까요? 장애인 학교가 들어서면 주말에 학교 체육관을 개방할 생각이에요. 마을 주민이면 누구나 이용할 수 있게 말이에요. 또 지역 주민이라면 무료로 치료받을 수 있는 병원도 함께 세우려고 합니다.

지난번을 생각해 보세요. 과학 연구소를 세운다고 했을 때, 수리 마을이 가장 먼저 나서지 않았습니까? 꺼려지는 시설은 반대하고, 좋은 시설만 세우려는 건 너무 이기적인 태도 아닙니까? 더불어 잘 살기 위해서, 조금만 양보해 주세요.

친구들이 사는 동네에 장애인 학교나 쓰레기 처리장이 들어선다면 어떨까요? 찬성인가요, 반대인가요?

또 다른 지역 이기주의 핌피(PIMFY) 현상

미술관이나 지하철, 공항 등 동네에 이익이 되는 시설을 짓기 위해 노력하는 현상을 핌피라고 해요. 'Please, In My Front Yard.(제발, 우리 집 앞마당에.)'의 앞 글자를 따서 만든 말이지요.

머나먼 옛날에도, 공공 기관이 있었을까요?

역사 | 옛날 공공 기관 찾기

옛날 지도가 나타났다!

뭔가 냄새가 나.

미,미안 냄새나?

뿡~

그 냄새가 아니야! 얼른 따라가 보자.

사건이 터진 거야? 좋았어!!

뭐든 아는 척척 공도사

자네가 올 걸 알고 있었지. 그런데 혹을 달고 왔구먼.

공도사님, 오랜만에 뵙습니다.

어떻게 아셨지?

아니, 너희들이 여길 어찌 알고?

시장님이 급히 가시는 걸 보고 쫓아왔어요.

근데, 정말 모르는 게 없으세요? 뭐든 척척 잘 맞혀요?

끄응.

32

爲民官衙

할(위)　백성(민)　벼슬(관)　관청(아)

백성을 위한 관아란 뜻인가요?

공공 기관에 대한 모든 것을 알려 주는 책이라고 할 수 있지.

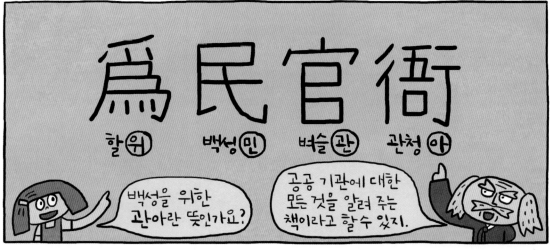

엿이야기를 떠올려 보게. 사람들이 죄를 지으면 사또가 혼을 내고 옥에 갇히지 않나! 그곳이 바로 관아라네.

오~ 옛날에도 공공 기관이 있었군요.

자세히 좀 보자! 보물 지도일 수도 있잖아!

우아!

그 지도는 아주 옛날 뒤죽박죽 도시의 지도라네. 그걸 보면 어떤 공공 기관을 어디에 세워야 하는지 알 수 있을 걸세.

근데 이걸 어떻게 보는 거지?

그건 숙제이니라. 지도를 잘 살펴보고 답을 찾아보렴!

딱 하나 남은 지도이니 소중하게 다루는 것 잊지 말고!

공도사님, 정말 감사합니다.

고맙긴! 어차피 공짜도 아닌데!

헉, 나 돈 없는데…

네?!

허허, 농담이네. 조상의 마음을 받들어 사람들에게 꼭 필요한 공공 기관을 만들어 주게.

네

옛날 공공 기관의 비밀이 적힌 책과 지도를 받은 사람들. 과연 그 비밀을 밝혀낼 수 있을까요?

돈 받고 파는 줄 알고 놀랐잖아요. 혹시 공갈을 잘 쳐서 공도사?

보자 보자 하니까, 네 이놈!

하하

모든 일은 관아로 통한다!

오늘날 시청이나 주민 센터가 지역 주민들의 살림을 맡아 하듯이 옛날에는 고을마다 관아를 만들어 백성을 돌보았어요. **관아는 벼슬아치*들이 모여 나랏일을 처리하던 곳**이지요. 고을에서 일어나는 거의 모든 일을 관아에서 처리했어요.

도성*과 각 지방에 있는 공공 기관을 모두 관아라고 했어요. 보통 각 지방의 마을에 있는 공공 기관을 관아라고 불렀지요.

관아는 그 지역의 가장 중심에 자리 잡았어요. 관아를 기준으로 길을 만들었고, 그 길을 따라 백성들의 집과 시장 등이 들어섰지요.

관아에 들어갈 땐 누구나 예의를 갖췄어요. 아무리 신분이 높은 사람이라도 말에서 내려 공손히 걸어갔답니다.

"사또~ 큰일 났사옵니다!"

이방*이 쪼르르 달려가 사또(원님)에게 마을의 급한 일을 고했어요. 이방이 사또를 찾아간 곳이 어디냐고요? 바로 동헌이에요. 관아에서 가장 높은 사또가 일하는 곳이지요.

⭐ **벼슬아치** 관청에서 나랏일을 보던 사람
⭐ **도성** 임금이나 황제가 있던 도읍지가 성으로 이루어져 있었다는 데서 서울을 이르던 말
⭐ **이방** 관아에서 일할 사람을 뽑던 관리

사또는 백성들이 다툼을 벌이다 찾아오면 판결을 내리고, 도둑을 잡는 일 등을 했어요. 또 죄인을 가두고 벌했지요.

객사는 관아 안에서 가장 공들여 꾸민 곳이에요. 왕의 위패*를 모셔 두었거든요. 멀리서 중요한 손님이 찾아오면 객사의 또 다른 방에서 대접하고 묵어가게 했지요.

이 밖에도 관아에는 사또 아래의 벼슬아치가 일하는 곳인 향청과 길청, 죄인을 가두는 형옥 등이 있답니다.

⭐ **위패** 죽은 사람의 이름 등을 적은 나무패

우리나라 최초의 소방서, 금화도감

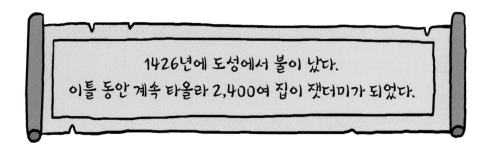

> 1426년에 도성에서 불이 났다.
> 이틀 동안 계속 타올라 2,400여 집이 잿더미가 되었다.

위 글은 『조선왕조실록』에 실린 내용으로, 세종 임금(조선 제4대 왕, 재위* 1418~1450) 때 일어난 일이에요. 『조선왕조실록』은 조선 시대 25명의 임금이 나라를 다스릴 때의 일을 기록한 책이랍니다.

옛날에는 한번 불이 나면 걷잡을 수 없이 번지곤 했어요. 대부분 흙과 나무로 집을 지어 눈 깜짝할 사이에 불이 옮겨붙었거든요.

이를 보다 못해 세종 임금은 불이 났을 때를 대비한 공공 기관을 만들었어요. 그곳이 바로 우리나라 최초의 소방서인 '금화도감'이에요.

⭐ **재위** 임금의 자리에 있음. 또는 그런 동안

금화도감(禁^{금할금} 火^{불화} 都^{도읍도} 監^{살필감})은 '불을 금하고 도읍을 살핀다.'는 뜻이에요.

하는 일은 오늘날의 소방서와 비슷해요. 불이 나면 소방관과 같은 역할인 금화군이 출동해 불을 껐지요. 금화군은 번갈아 가면서 일하며 24시간 내내 감시를 게을리하지 않았어요. 또 불이 났을 때 불길이 번지지 않도록 집 사이사이에 담을 쌓았지요.

거리 곳곳에 불이 났을 때 이용하는 우물을 파기도 했어요. 불이 나면 재빨리 물을 길어 불을 끌 수 있도록 말이에요.

옛날 보건소, 혜민서

"설사가 멈추지 않고 계속 구역질을 하다니, 호열자*가 틀림없군. 이 병은 돌림병*이니 다른 환자와 떨어뜨려야 하네."

몇 년에 한 번씩 오는 돌림병이 번지자 혜민서 의원들의 손이 바빠졌어요. 혜민서는 조선 시대 가난한 백성을 무료로 치료하던 곳이에요. 고뿔(감기)과 같은 가벼운 병은 물론 호열자나 마진*과 같은 큰 병까지 혜민서에서 치료했지요.

아픈 환자에게 주사를 놓거나 약을 먹였냐고요? 옛날엔 주사나 약 대신 진맥*을 짚고 약초로 약을 지어 병을 치료했답니다.

혜민서에서는 백성에게 죽을 나누어 주기도 했어요. 가난한 백성들이 굶어 죽지 않도록 보호하기 위해서지요.

우리나라 최초의 서양식 병원, 제중원

칼에 찔린 명성 황후(조선 제26대 왕 고종의 아내)의 조카 민영익을 외국 의사 알렌이 고쳐 준 일을 계기로 나라에서 세운 서양식 병원이에요. 진찰실, 수술실, 입원실, 대기실이 있었지요. 가장 많이 치료한 병은 '말라리아'라는 전염병이라고 해요.

★ **호열자** 오늘날의 콜레라. 설사와 구역질을 하다 죽음에 이르기도 함
★ **돌림병** 어떤 지역에 널리 퍼져 여러 사람이 잇따라 옮아 앓는 병
★ **마진** 오늘날의 홍역. 입안과 몸에 좁쌀 같은 것이 남
★ **진맥** 한의학에서 병을 진찰하기 위해 손목의 혈관을 이용해 심장의 움직임을 짚어 보는 일

양반이나 임금도 백성들처럼 혜민서를 이용했을까요? 양반이나 벼슬아치들은 전의감(전의원)이라는 곳에서 치료를 받았어요. 전의감은 의원이 되려는 학생들을 교육하는 곳이기도 했지요. 왕과 왕의 가족은 궁궐에 있는 내의원이라는 특별한 곳에서 치료를 받았어요.

혜민서·전의감·내의원을 가리켜 조선의 3대 의료 기관이라는 뜻으로 삼의원이라고 한답니다.

조선 시대 최고의 의원으로 꼽히는 허준도 혜민서에서 일했어요. 대부분의 의원들은 가난한 백성을 상대하는 혜민서를 꺼렸지요. 하지만 허준은 생명의 소중함을 가장 중요하게 생각했고, 혜민서에서 백성들을 정성껏 돌보았어요. 그의 뛰어난 실력은 궁에까지 소문이 나 나중에는 선조 임금의 병을 고치는 어의*가 되었답니다.

⭐ **어의** 궁궐 내에서 임금이나 왕족의 병을 치료하던 의원

우리나라 최초의 우체국, 우정총국

우정총국은 고종 임금의 명을 받아 홍영식이 만든 우리나라 최초의 우체국이에요. 그러나 우정총국은 만들어진 뒤 한 달도 안 되어 없어지고 말았답니다.

그로부터 10여 년이 지난 1895년이 되어서야 우편 업무가 다시 시작됐어요. 서울과 인천에 우편 업무를 담당하는 우체사가 만들어졌고, 곧 각 지방에도 생겼지요.

1900년대 초에는 우편집배원을 체전부라고 불렀어요. 한복을 입고 어깨에 큰 가방을 메고 사람들에게 편지를 전했지요. 체전부는 편지만 전해 주는 것이 아니라, 글을 모르는 사람에게 편지를 읽어 주거나 다른 물건을 전달해 주는 역할도 했어요.

우정총국

우정총국이 한 달여 만에 없어진 이유

우정총국이 없어진 것은 '갑신정변' 때문이에요. 김옥균·박영효·홍영식 등은 새로운 문물을 받아들이자고 주장한 사람들이었어요. 그들은 자신들의 뜻을 이루기 위해 갑신년(1884년)에 정변*을 일으켰지요. 우정총국이 생긴 것을 기념하는 잔치에서 말이에요. 그 정변이 바로 갑신정변이에요.

하지만 갑신정변은 3일 만에 실패로 끝나고 말았어요. 그 뒤 고종 임금은 아예 우정총국을 없애 버렸답니다.

우정총국은 없어졌지만 그 건물은 아직 남아 있어요. 서울 종로구 우정국로(견지동)에 가면 살펴볼 수 있답니다.

★ **정변** 옳지 않은 방법으로 권력을 차지하는 것

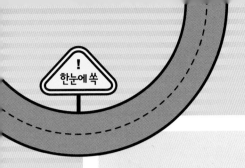
관아 : 벼슬아치들이
나랏일을 처리하던 곳

관 아

- 동헌 : 사또가 일하는 곳
- 객사 : 왕의 위패를 모셔 둔 곳,
  멀리서 온 손님을 대접하는 곳
- 향청·길청 : 사또 밑에 있는 벼슬
  아치들이 일하는 곳
- 형옥 : 죄인을 가두는 곳

금화도감
: 우리나라 최초의 소방 기관

禁금할금 火불화 都도읍도 監살필감   불을 금하고 도읍을 살핀다.

금화도감

혜민서·전의감·내의원
: 조선의 3대 의료 기관

∘ 혜민서 : 가난한 백성을 무료로
   치료하던 곳
∘ 전의감 : 벼슬아치나 양반을 치
   료하던 곳
∘ 내의원 : 왕과 왕의 가족을 치료
   하던 곳

우정총국
: 우리나라 최초의 우체국

∘ 고종 임금의 명을 받아 홍영식이 만들었지만 갑신정변 때문에
   20여 일 만에 없어짐
∘ 갑신정변 : 갑신년(1884년), 김옥균·박영효·홍영식 등이 새로
   운 문물을 받아들이자고 주장하며 일으킨 정변

세계 최초의 공공 기관을 찾아라!

최초의 소방서 = 로마 시대 소방대

세계 최초의 소방 기관은 2,000여 년 전 로마 아우구스투스 황제가 만들었어요. 소방대원들은 양동이와 소방 장비를 들고 거리를 돌아다녔어요. 어딘가에 불이 나면 곧장 달려가 양동이에 물을 받아 불을 껐지요.

최초의 도서관 = 이집트 알렉산드리아 도서관

"세상의 모든 책을 다 모아라!"

2,300여 년 전 이집트의 왕 프톨레마이오스 2세는 알렉산드리아 도서관을 지었어요. 알렉산드리아는 무역*으로 유명했던 도시예요. 다른 나라의 배가 자주 드나든 덕에 여러 나라의 책을 쉽게 모을 수 있었지요. 도서관에서는 다른 나라의 책을 모으는 것은 물론 여러 나라의 말로 된 책을 옛날 이집트의 언어로 번역하는 일에도 힘썼어요. 그렇게 모은 책이 약 70만 권이나 됐다고 해요.

알렉산드리아 도서관은 로마와 이슬람의 침략을 받으며 모두 불타 없어졌지만, 2002년에 다시 지어졌답니다.

★ **무역** 나라와 나라 사이에 서로 물품을 사고파는 일

최초의 국립 박물관 = 영국 박물관(대영 박물관)

영국 박물관(대영 박물관)은 최초의 국립★ 박물관이자 세계에서 가장 많은 예술품이 모인 곳이에요. 1753년 한스 슬론이라는 사람이 평생 모은 예술품을 나라에 내놓으면서 생긴 박물관이지요.

그전까지 박물관은 왕이나 부자가 자신이 좋아하는 골동품을 모으고 감상하다 일반 사람들에게 보여 주는 정도였어요.

영국 박물관에는 그리스 아테네의 파르테논 신전 조각상, 이집트에서 가져온 로제타석★, 우리나라 고려청자 등 세계 여러 나라의 귀한 예술품이 전시되어 있어요. 종류만 1,200만 점이 넘어서 제대로 구경하려면 사나흘이 걸린다고 해요.

그런데 영국 박물관에 다른 나라의 예술품이 있다니 이상하지 않나요? 이곳의 예술품은 대부분 영국이 식민지★였던 나라에서 가져온 것이에요. 오래전부터 우리나라를 비롯한 여러 나라가 빼앗긴 문화재를 되돌려 달라고 했지만, 영국 정부는 꿈쩍도 않고 있답니다.

★ **국립** 나라가 세우고 관리함
★ **로제타석** 2,200여 년 전 이집트의 왕 프톨레마이오스 5세를 위하여 세운 비석의 일부로 옛날 이집트 문자를 분석하는 데 열쇠가 됨
★ **식민지** 다른 나라의 지배를 받는 나라

개인이 만든 최초의 박물관

골동품 수집가인 애쉬몰이 자신이 모은 희귀한 예술품 9만 점을 영국 옥스퍼드 대학에 내놓아, 1683년에 만든 애쉬몰리언 박물관이에요. 박물관을 뜻하는 '뮤지엄(museum)'이란 말이 이때 처음 생겼답니다.

공공 기관에
꽃이 피었습니다?!

예술 공공 기관을 편리하고 아름답게!
공공 디자인

칙칙한 도서관, 변신이 필요해!

뒤죽박죽 도시의 첫 공공 기관인 어린이 도서관이 문을 여는 날

어이쿠, 깜짝이야. 이게 도서관?

끄덕

으~ 무서워! 나 안 들어갈래!

괜찮아, 들어가면 재미있는 책이 있을 거야.

공장도 아니고, 도서관이 너무 칙칙해.

들어가면 괜찮을 거야. 자, 가자~

정숙

뛰지 마시오

으엑~ 안은 더 심하잖아!

초등학생을 위한 방

들어가 보자.

50

도서관에 책만 많으면 되지! 칙칙한 게 무슨 상관이야?

시장님은 어린이 마음을 정말 몰라요!

도서관은 사람들이 책과 친해지는 공간이잖아요. 그런데 도서관 건물은 우중충하고, 책 읽기도 불편해요! 하나도 재미없어요!

공공 기관을 만들 땐 공공 디자인도 생각해야 하는데 그걸 못 했구면.

공도사님! 제가 뭔가 잘못했나요? 공공 디자인? 그건 또 뭐지?

사람들이 자주 이용하는 기관이나 장소를 사용하기 편리하게 꾸미는 일을 공공 디자인이라고 한다네.

도서관을 이렇게 바꿔 보게!

다들, 준비됐니?

네! 준비됐습니다!

아~왜 나까지 이래야 하지?

뒤죽박죽 도시의 첫 공공 기관인 도서관의 변화가 시작됐다.

도서관의 공공 디자인은 시장인 내가 책임진다! 아자아자!

더 예쁘고 편리하게! 공공 디자인

뒤죽박죽 도시의 도서관처럼 아무리 좋은 목적으로 공공 기관을 만들어도 사람들이 뜸하면 소용없겠죠?

많은 사람들이 공공 기관을 찾게 만드는 방법을 알려 줄게요. 다음 두 가지를 생각하면 돼요. 바로 '**예쁘게**'와 '**편리하게**'예요.

겉으로 보기엔 예쁜 건물이지만, 사용하기 불편하다면 어떨까요? 반대로 보기 싫은 건물이지만 그 안은 편리하게 꾸며져 있다면요? 둘 다 별로라고요?

그래서 요즘에는 공공 기관을 지을 때 이 두 가지를 모두 만족시키는 공공 디자인을 먼저 생각한답니다.

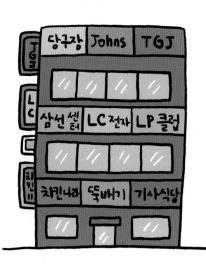

공공 디자인이란 많은 사람들이 이용하는 시설을 합리적으로 꾸미는 일을 말해요. 건물뿐 아니라 주변의 도로, 공원, 교통 표지판, 버스 정류장 등 여러 사람들이 함께 이용하는 시설을 예쁘고 편리하게 꾸미는 것이지요.

좋은 공공 디자인이란?

① 독특하고 아름다운 디자인

아름다운 시설은 보는 사람도 기분 좋게 만들어요. 또한 독특하고 아름다운 디자인으로 그 도시의 상징이 되기도 하지요.

② 이용하는 사람이 편리한 디자인

공공 디자인은 이용하는 사람들을 우선으로 생각해야 해요. 표지판 모양을 통일하고, 알아보기 쉬운 간단한 기호로 만드는 것이 그런 이유이지요.

③ 환경을 생각하는 디자인

자연을 오염시키지 않는 재료나 버려진 재료를 재활용하는 경우도 있어요. 태양열을 이용한 가로등, 못 쓰는 쓰레기통으로 만든 공원 의자 등이 있지요.

건물을 뒤덮고 있던 간판(왼쪽)을 깔끔하게 공공 디자인 한 모습

공공 디자인으로 새로 태어난 도시

요즘에는 도시 전체를 공공 디자인 하는 일도 많아요. 도시를 더 아름답고, 더 편리하게 디자인해 바꿔 나가는 것이지요. 공공 디자인으로 새롭게 탄생한 도시는 세계적인 관광지가 되기도 한답니다. 도시를 어떻게 디자인하느냐고요? 우리가 자주 이용하는 쓰레기통, 버스 정류장, 가로등과 같이 아주 작은 것부터 하나하나 바꾸면 되지요.

런던의 상징이 된 공중전화 박스
영국 런던의 빨간 공중전화 박스예요. 최근에는 작은 카페나 휴대 전화 충전소로 활용되고 있어요.

예술성이 뛰어난 버스 정류장
독일 하노버에 있는 버스 정류장이에요. 유명한 디자이너와 건축가들에게 디자인을 맡겨 예쁜 모습으로 탄생했어요.

나뭇잎을 닮은 휴지통
미국 뉴욕 브라이언트 공원에 있는 휴지통이에요.
자연을 닮은 나뭇잎 모양이 공원과도 잘 어울려요.

태양열로 불을 밝히는 가로등
'솔라 트리'라고 불리는 미국 버지니아의 가로등이
에요. 풀이하면 태양열 나무라고 할 수 있지요. 이
름처럼 낮에 태양열 에너지를 저장해 두었다가 밤
에 거리를 밝혀 에너지를 절약할 수 있답니다.

찾아라! 우리나라의 유명 공공 건축물

첫 어린이 도서관 전라남도 순천 기적의 도서관

　이 도서관은 우리나라 최초의 어린이 도서관이에요.

　도서관의 겉모습은 어린이들의 호기심을 자극할 수 있도록 독특하게 지었어요. 그런데 안으로 들어가면 더욱 놀라워요. 각 층에 있는 방의 이름부터 재미있지요. 우선 신발이랑 짐은 '괴나리봇짐'에 맡겨요. 그 뒤 '책나라'에 가면 5만 권이 넘는 책들을 실컷 읽을 수 있지요. 친구와 떠들고 싶을 때는 '도란도란'으로 가면 되고, 졸릴 땐 '코 하는 방'에서 잠을 잘 수도 있답니다.

© 순천 기적의 도서관

도시 한가운데 기와집이?! 서울 혜화동 주민 센터

한옥으로 만든 주민 센터가 예스럽지요? 혜화동이라는 이름은 조선 시대 한양(오늘날 서울)을 드나드는 8개의 문 중 하나인 혜화문을 따서 지었어요. 동네 이름과 한옥으로 만든 주민 센터가 잘 어울리네요.

1930년대 초에 지어진 이 건물은 우리나라 최초의 여자 의사인 한소제가 살던 집이었어요. 그 집을 나라에서 산 뒤, 주민 센터로 바꾼 것이지요.

혜화동 주민 센터는 'ㄷ'자 모양으로 되어 있어요. 잘 쌓아 올린 기와가 아름답고, 정원에는 돌로 만든 조각과 등이 있지요. 뒷마당엔 장독대와 가마솥도 있답니다.

ⓒ 혜화동 주민 센터

공중에 떠 있는 소방서, 있다 없다? 서울 을지로 119 안전 센터

으악, 건물이 공중에 떠 있어요! 무너지면 어쩌죠? 어서 119에 신고하라고요? 걱정 마세요. 이 건물이 바로 119 안전 센터니까요!

공중에 큰 상자가 붕 떠 있는 듯한 이 건물은 서울에 있는 을지로 119 안전 센터예요. 불이 나면 재빠르게 출동하는 소방차의 모습을 닮은 것 같지 않나요?

이곳의 상황실*은 통유리 창으로 되어 있어, 바깥에서 무슨 일이 일어나는지 한눈에 볼 수 있어요. 또 소방차가 제때 출동하는지도 확인할 수 있지요.

⭐ **상황실** 행정·작전 등의 상황을 한눈에 파악할 수 있도록 마련한 방

역사가 담긴 건물 서울 시립 미술관

  서울 시립 미술관 건물은 1928년에 지어졌어요. 원래 이 건물은 일제 강점기* 때 독립운동가들을 재판해 감옥에 보내는 재판소였어요. 1945년부터 우리나라 대법원으로 쓰이다가 2002년 미술관으로 다시 문을 열었지요. 앞면은 그대로 두고 뒷면은 헐어 전시 공간으로 다시 지었어요. 건물 안은 하얀색으로 칠해 깨끗하고 넓어 보여요. 건물 중앙은 천장까지 막히지 않고 뚫려 있어 시원한 느낌을 준답니다.

  미술관 앞에는 400년이 넘게 산 단풍나무, 향나무가 있어서 산책을 하기에도 좋아요.

★ **일제 강점기** 일본이 우리나라를 식민지로 삼았던 1910년부터 1945년까지 35년간의 시대

찾아라! 세계의 유명 공공 건축물

어라?
나랑 닮았네?

시드니를 대표하는 건물 오페라 하우스

오스트레일리아 시드니에 가면 사람들이 빼놓지 않고 구경하는 곳이 있어요. 어떤 사람은 조개껍데기 같다고 하고, 어떤 사람은 하얀 돛을 닮았다고도 하고, 어떤 사람은 돌고래가 뛰어오르는 모습이라고 말하는 곳이에요. 이곳은 세계 3대 아름다운 항구 도시라고 불리는 시드니의 오페라 하우스랍니다.

오페라 하우스를 설계한 건축가는 오렌지 조각을 보고 이와 같은 모양의 아이디어를 얻었대요. 1년 내내 오페라, 뮤지컬, 발레 등 다양한 공연이 열리는 이곳은 그 아름다움을 인정받아 2007년 세계 문화유산으로 지정되었답니다.

알이야, 건물이야? 런던 시청

단순하면서도 독특한 생김새를 자랑하는 이 건물은 영국 런던의 시청이에요. 온통 유리창으로 둘러싸여 있는 모양이 꼭 알처럼 보이지 않나요? 그래서인지 런던 사람들은 이곳을 '유리 달걀'이라고 부르기도 한답니다.

이곳이 유명한 것은 모양 때문만이 아니에요. 이 건물은 에너지 절약을 잘하는 건물로도 널리 알려져 있지요. 남쪽으로 비스듬히 기울어져 있어서 여름에는 따가운 햇볕이 덜 들어오고 그늘져 시원해요. 그래서 냉방을 많이 하지 않지요. 또 겨울에는 태양 에너지로 난방을 해요. 화장실 변기 물도 세면대에서 사용한 물을 재활용한다고 하니, 정말 대단하지요?

그물을 씌운(?) 시애틀 공공 도서관

'그물망을 쓰고 디스코를 춘다!'

미국 시애틀 공공 도서관을 본 어느 건축 평론가가 한 말이에요. 그 모습이 상상되나요?

시애틀 공공 도서관의 겉모습은 그물을 씌워 놓은 것처럼 특이해요. 건물 전체가 유리로 되어 있어서 밝고, 건물 속을 들여다볼 수 있는 것도 특징이지요.

건물 안 바닥에는 세계 여러 나라의 언어가 쓰여 있어요. 우리나라의 한글도 눈에 띄지요.

이 도서관은 무려 11층이나 될 만큼 커요. 왠지 엄청 복잡할 것 같다고요? 걱정 말아요. 에스컬레이터는 연두색, 계단은 빨간색으로 구분해 놓아서 쉽게 길을 찾을 수 있거든요. 또 엄청나게 많은 책도 종류별로 잘 정리해 놓았지요.

궁→기차역→미술관으로!
오르세 미술관

프랑스 파리 오르세 미술관은 아주 오랜 역사를 가지고 있답니다. 미술관이기 전에는 기차역이었고, 기차역이기 전에는 궁이었거든요. 궁에 불이 나서 한동안 버려졌던 것을 고쳐서 1900년에 기차역으로 만들었어요.

이때는 자동차가 발명되기 전이라서 기차역에 사람이 무척 많았어요. 하지만 자동차가 발명되면서 오르세 기차역을 이용하는 사람이 줄었지요.

그래서 프랑스 정부는 기차역을 미술관으로 고쳐 지었어요. 오르세 미술관에는 유리로 된 둥근 모양의 천장, 중앙에 있는 시계 등 옛날 기차역이었던 때의 모습이 많이 아직도 남아 있답니다.

사람들이 많이 찾지 않는 기차역을 미술관으로 바꾼 아이디어, 칭찬할 만하지요?

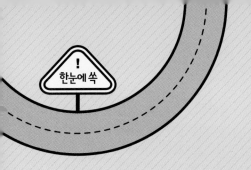

공공 디자인 많은 사람들이 이용하는 시설을 합리적으로 꾸미는 일

좋은 공공 디자인이란?

① 독특하고 아름다워야 해요.

② 이용하는 사람이 편리해야 해요.

③ 환경을 보호하는 디자인이라면 더 좋아요.

우리나라의 유명 공공 건축물

✚ **전라남도 순천 기적의 도서관** : 우리나라 최초의 어린이 전용 도서관으로 어린이를 위한 시설이 많아요.

✚ **서울 혜화동 주민 센터** : 한옥 모양의 주민 센터로, 우리 전통의 멋을 전해 줘요.

✚ **서울 을지로 119 안전 센터** : 상자 모양의 건물로, 통유리로 이루어져 바깥의 상황을 살피기에 좋아요.

✚ **서울 시립 미술관** : 일제 강점기 때 재판소로 쓰였던 곳으로, 그 뒤 대법원으로 사용되던 것을 미술관으로 바꾸었어요.

작은 변화가 아름답고 편리한 도시를 만들어요!

공공 디자인이 뛰어난 도시를 만들려면 어마어마한 돈과 시간이 들 것 같다고요? 그렇지 않아요.

우리가 자주 이용하는 정류장, 가로등, 휴지통과 같이 작은 것부터 조금씩 바꾸어 나가면 되니까요. 작은 것이 모여 아름답고 편리한 도시로 디자인되는 셈이지요.

세계의 유명 공공 건축물

✚ **오스트레일리아 시드니 오페라 하우스** : 세계 문화유산에 올라 있으며, 오렌지 조각을 보고 아이디어를 얻어 만들었어요.

✚ **영국 런던 시청** : 남쪽을 향해 지어져 여름에 시원하고, 겨울엔 태양 에너지로 난방을 하여 에너지를 아껴요.

✚ **미국 시애틀 공공 도서관** : 규모가 엄청나게 크지만, 에스컬레이터는 연두색 계단은 빨간색으로 만들어 놓아 쉽게 길을 찾을 수 있어요.

✚ **프랑스 파리 오르세 미술관** : 사람이 많이 찾지 않는 기차역을 미술관으로 고쳐 지은, 멋진 재활용 건물이에요.

한걸음 더

세계 지하철의 표준이 된 런던 지하철

세계 최초의 지하철은 1863년 영국 런던에서 만들어졌어요. 런던 지하철의 정식 이름은 '언더그라운드(Underground)'지만, '튜브(Tube)'라는 깜찍한 별명으로 불리기도 하지요. 지하철을 표시하는 마크*가 물놀이할 때 쓰는 튜브 모양처럼 생겼기 때문이에요.

런던 지하철은 세계 최초라는 것과 튜브를 닮은 마크는 물론, 단순하고 보기 편한 노선도로도 무척 유명해요.

★ **마크** 어떠한 뜻을 나타내기 위해 쓰는 부호나 문자

68

1907년 런던 지하철 사장은 프랭크 피크라는 사람에게 큰일을 맡겼어요. 그 일은 바로 런던 지하철을 깨끗하고 보기 좋게 변화시키는 일, 즉 공공 디자인이었지요.

런던 지하철 공공 디자인을 맡게 된 프랭크 피크는 쓰레기를 치우고, 벽을 깨끗하게 했어요. 하지만 그것만으로는 부족하다고 생각했지요.

그는 유명한 예술가들을 모아 지하철을 바꾸기로 결심했어요. 디자이너 에드워드 존스턴에게 새 마크를 주문하고, 건축가 찰스 홀든에게 어둡고 칙칙한 지하철역을 개성 있게 바꿔 달라고 했지요.

그 가운데 사람들을 가장 놀라게 한 변화는 전기 기사 해리 베크가 아이디어를 낸 노선도, 즉 지하철 지도예요. 그전엔 복잡해서 보기 힘들었던 노선도를 선으로만 그리고, 색으로 구분하여 알아보기 쉽게 했지요. 지금 우리나라에서 쓰고 있는 지하철 노선도도 해리 베크의 노선도를 바탕으로 만든 거랍니다.

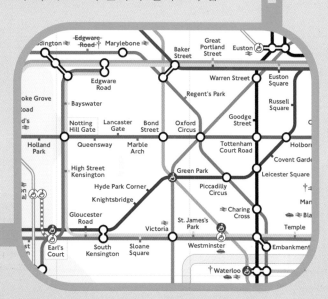

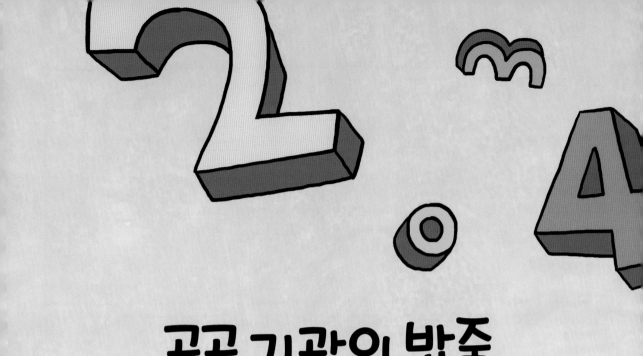

공공 기관의 밥줄, 세금

 수학 세금을 통해 알아보는 수의 개념

시장님, 대성공이에요!
사람들 바글대는 것 좀 보세요.

하하, 고맙다.

도서관이 예뻐지고, 의자나 책장도
어린이가 쓰기 딱 맞게 바뀌었어요.

다른 공공 기관도
빨리 만들어 주세요!

그래! 여기서 멈출 순 없지.
뒤죽박죽 도시를 세계 최고의
도시로 만들 거야!

시장님, 이제 어떤 공공 기관을
만드실 거예요?

소방서?
경찰서?

무엇이든 원하는 대로
다 만들어 주마!

하아, 그런데
돈이….

어린이 도서관을 고치느라 돈을 많이 썼나 봐. 돈이 부족해.

돈이 없으면 벌면 되죠!

그야 세금을 거두어서 만들었지.

가만, 도서관 만든 건 어디서 난 돈이에요?

세금이요?

응. 나라 살림에 쓰기 위해 국민에게 거두는 돈을 세금이라고 해.

그런데 공공 기관을 처음 짓는다고 생각하니까 그만 신이 나서 생각 없이 마구 썼지 뭐냐.

그래! 모른 척 세금을 더 거둘까?

어흑, 시민들이 불같이 화낼 겁니다.

나, 비서

깜짝 출연↘

어 저 지?

어린이도 용돈을 받으면 계획을 세우는데, 시장님은 뭐 하신 거예요?

미, 미안. 도서관 공공 디자인을 다시 하….

할 수 없죠. 남은 세금으로 예산을 세워 봐요.

공공 기관에서 필요한 돈은 모두 세금!

　세금은 나라 살림에 쓰기 위해 정부가 국민으로부터 거둬들이는 돈이에요.

　세금으로 거둔 돈은 우리 생활 곳곳에 쓰인답니다. 경찰서·소방서·주민 센터와 같이 공공 기관을 짓는 데도 쓰이고, 공무원들의 월급을 주는 데도 쓰이죠. 물론 어린이들이 학교에서 쓰는 책상, 국립 도서관에 있는 책도 세금으로 마련해요. 그뿐만이 아니에요. 도로를 만들거나, 거리에 심은 나무를 사는 돈도 모두 세금에서 나온답니다.

　세금이 없으면 나랏일을 할 수 없어요. 그래서 우리나라 국민이라면 세금을 내야 할 의무가 있지요.

　깜짝 퀴즈! 어린이도 세금을 낼까요?

　정답은 "낸다."예요. 맹세코 세금을 내 본 적이 없다고요? 돈을 벌지도 못하는 어린이에게 세금을 내라니, 갑자기 억울해진다고요? 이 둘의 차이를 알면 어린이가 내는 세금이 뭔지 이해할 수 있을 거예요.

　세금은 크게 직접세와 간접세로 나눌 수 있어요.

직접세

어떤 일을 해서 돈을 벌면 법에서 정한 만큼 세금을 내야 해요. 이처럼 개인이나 기업이 **돈을 벌었을 때 내는 세금**을 직접세라고 하지요. 집·땅과 같은 재산이 있는 경우, 부모님의 재산을 물려받거나 경품에 당첨됐을 때에도 직접세를 내야 하지요.

간접세

지누는 등굣길에 문방구에서 미술 준비물로 크레파스를 샀어요. 수업을 마치고서는 친구와 떡볶이를 사 먹었지요. 그리고 벼르고 별렀던 장난감도 샀어요.

물건을 사면서 지누는 자신도 모르는 사이에 이미 세금을 냈답니다. 우리가 사는 물건에는 **부가 가치세**라는 세금이 붙어 있거든요. 이를 간접세라고 하지요. 우리가 세금이 포함된 물건값을 치르면, 나중에 가게 주인이 이를 모아서 한꺼번에 나라에 낸답니다.

우리나라 예산 읽기

정부에서는 해마다 예산을 짜요. 예산이란 국가나 단체에서 1년 동안 벌 돈과 쓸 돈을 미리 셈하여 정한 계획이에요. 우리가 용돈을 받으면 어디에 얼마만큼 쓸지 계획하듯이 나라 살림을 하는 데 돈이 얼마나 드는지 미리 계획을 세우는 것이지요. 국민이 낸 세금으로 나라 살림을 하는 만큼 허투루 쓰지 않도록 꼼꼼하게 계획을 세워야겠지요? 아래는 어느 해의 우리나라 예산이에요. 소리 내어 읽어 보세요.

> **새해 예산이 342,000,000,000,000원으로 확정됐다.**

아뿔싸, 0이 도대체 몇 개나 되는 거예요? 척 봐도 그 액수가 어마어마하네요. 도저히 읽을 수가 없다고요? 그렇다면 먼저 수의 개념부터 알아봐야겠군요. 지금부터 차근차근 배워 보아요.

78

작은 수 읽기 – 일, 십, 백, 천, 만

우선 다루기 쉬운 작은 수부터 정리해 볼까요?

1(일)

1이 10개 모이면 10(십)

10이 10개 모이면 100(백)

100이 10개 모이면 1,000(천)

이 정도는 쉽다고요? 이제부터 새로운 수가 시작되니까 정신 바짝 차려요. 1,000이 10개 모이면 어떻게 될까요? 10,000이에요. 0이 4개인 이 수는 10,000 또는 1만이라고 써요. 읽을 때는 일만이라고 하지요.

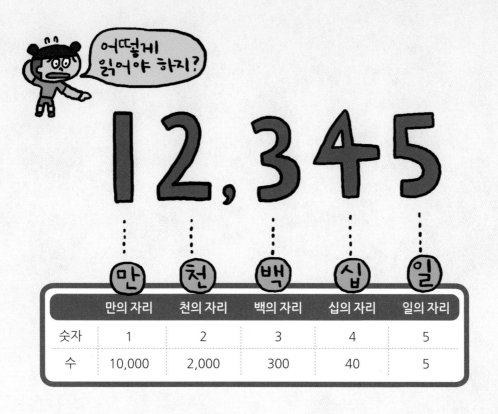

	만의 자리	천의 자리	백의 자리	십의 자리	일의 자리
숫자	1	2	3	4	5
수	10,000	2,000	300	40	5

설마 '일이삼사오'로 읽는 건 아니겠죠? 수를 읽을 땐 먼저 오른쪽에서부터 '일, 십, 백, 천, 만' 등 자릿값을 생각해요.

그런 다음 왼쪽부터 자릿값에 맞게 읽지요.

12345라는 수는 10,000이 1개·1,000이 2개·100이 3개·10이 4개·1이 5개 있다는 뜻이에요. '일만이천삼백사십오'라고 읽으면 돼요.★

★ 맨 앞의 자릿수가 1일 경우 읽을 때 '일'이란 말을 생략하기도 한다. 예를 들어 10,000은 '일만' 또는 '만'이라고 읽을 수 있다. 또 자릿수에 0이 있을 경우 읽을 때는 빼고 읽되, 숫자로 쓸 땐 꼭 써야 한다. 예를 들어 304는 '삼백사'라고 읽지만 숫자로 쓸 때는 십의 자리에 0을 꼭 써야 한다.

조금 큰 수 읽기 – 십만, 백만, 천만

10,000이 10개면 100,000. 10만이라 쓰고 십만이라고 읽어요.

10,000이 100개면 1,000,000. 100만이라 쓰고 백만이라고 읽지요.

10,000이 1,000개면 10,000,000. 1,000만이라 쓰고 천만이라고 해요.

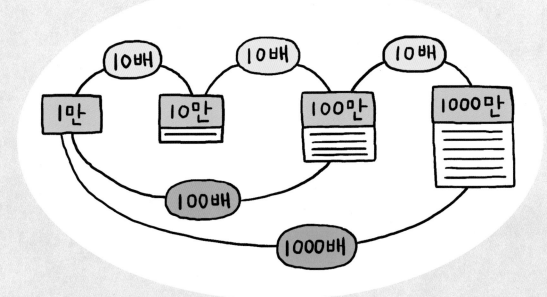

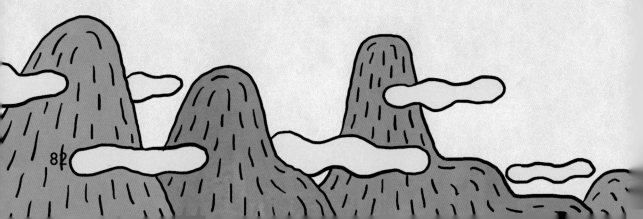

숫자가 많아지니 눈이 핑글핑글 도는 것 같지요? 그래도 집중해서
빈칸에 알맞은 수를 써넣어 보세요.

38472629

① 천만의 자리 숫자는 (3)이고 (30,000,000)을 나타낸다.

② 십만의 자리 숫자는 (   )이고 (   )을 나타낸다.*

어렵다고요? 한 가지 힌트를 줄게요.

오른쪽 끝부터 일, 십, 백, 천, 만 순서로 자릿값을 세어 보아요.

 정답 : 4 / 400,000

큰 수 읽기 – 억, 조

이제 더 큰 수에 대해 알아볼 거예요. 읽는 방법도 달라져요. 만 자리 뒤부터는 0이 4개 붙을 때마다 다른 이름으로 불러요. 그게 바로 억과 조랍니다.

만이 10,000개 모이면 100,000,000. 1억이라 쓰고 일억이라고 읽어요.

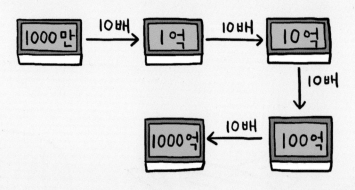

억이 10,000개 모이면 1,000,000,000,000. 1조라 쓰고 일조라고 읽지요.

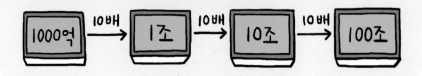

1억은 0이 8개, 1조는 0이 무려 12개나 돼요. 초등학생은 1만을 넘는 큰 수를 쓸 일이 별로 없을 것 같은데 억, 조를 꼭 배워야 할까요?

억, 조와 같은 큰 수는 우리 생활에도 자주 쓰인답니다. 지구나 태양의 나이, 우주에 있는 별의 개수 등을 말할 때를 생각해 보세요. 또 세계 여러 나라의 인구수를 말할 때도 억과 조가 쓰이죠.

조보다 더 큰 수도 있다고?

조보다 10,000배 큰 수를 경이라고 해요. 그 뒤로 해, 자, 양, 구, 간, 정, 재, 극, 항하사, 아승기, 나유타, 불가사의, 무량대수가 있어요. 하지만 조 이후로는 거의 쓰는 일이 없으니까 골치 아파하지는 말아요.

완벽 정복! 큰 수 읽고 쓰기

큰 수 읽기의 비결, 띄어 세기

위의 수를 어떻게 읽어야 할까요? 숫자가 많아서 헷갈리죠?
이럴 땐 네 자리씩 띄어 세어 보세요.

4조 5천억이라고 쉽게 읽을 수 있답니다.

자릿값이 없는 곳에 0 넣기

> ## 오백조 사천삼백사십이억 팔천삼백팔십삼만 이십삼

반대로 위의 수를 숫자로 바꿔 볼까요? 글로 쓰인 수를 숫자로 바꿀 때는 숫자를 모두 붙여 쓰면 돼요.

그런데 뭔가 이상해요. 조, 억, 만 다음에 천과 백이 있어야 하는데 바로 이십삼이라고 되어 있잖아요. 이렇게 자릿값이 없을 땐 그 자리에 0을 넣으면 돼요.

숫자 사이의 쉼표는 뭐예요?

우리나라는 숫자를 읽을 때 네 자리씩 끊어서 읽어요. 하지만 서양에서는 세 자리(천 단위)로 끊어서 읽지요. 그래서 숫자를 표현할 때 10,000 / 1,000,000 처럼 쉼표를 넣어요. 한눈에 알아보기 위해서랍니다. 우리나라도 숫자로 표현할 때는 서양의 영향을 받아 세 자리마다 쉼표를 넣지만 읽을 때는 네 자리로 끊는답니다. 잘 기억해요!

따라서 위의 수는

500434283830023

자릿값이 없는 곳에 0 넣기

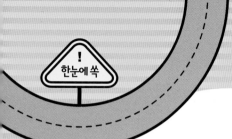

세금 나라 살림에 쓰기 위해 정부가 국민으로부터 거둬들이는 돈

세금으로 하는 일 학교, 경찰서, 소방서, 도서관 등 공공 기관을 짓고 공무원의 급여를 줘요. 학교의 책상이나 도로, 가로수도 세금으로 마련해요.

돈을 벌었을 때 내는 세금

예) 일을 해 월급을 받을 때,
재산을 물려받을 때,
경품에 당첨됐을 때 내는 세금

물건을 살 때 내는 값에
포함된 세금

예) 부가 가치세

큰 수 읽기

만이 100개면 1,000,000. 100만이라 쓰고 일백만이라고 읽어요.

만이 1,000개면 10,000,000. 1,000만이라 쓰고 일천만이라고 읽어요.

만이 10,000개 모이면 100,000,000. 1억이라 쓰고 일억이라고 읽지요.

억이 10,000개 모이면 1,000,000,000,000. 1조라 쓰고 일조라고 읽어요.

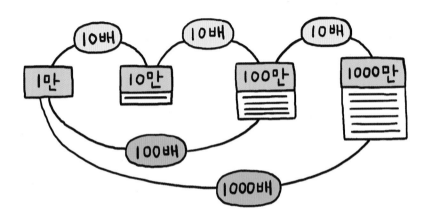

큰 수 띄어 세기

큰 수를 읽을 때는 네 자리씩 띄어 세요.

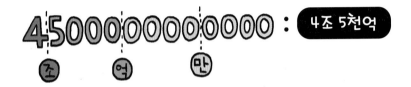

세계의 별난 세금 다 모여라!

창문이 많으면 세금을 더 내시오 - 영국 창문세

1696년 영국 왕 윌리엄 3세는 세금을 더 걷기 위해 창문세를 만들었어요. 창문이 많을수록 세금을 더 내라는 것이었지요. 부자의 집이 크고 창문도 많다고 생각했기 때문이에요. 그러자 세금을 내지 않으려고 창문 수를 줄이거나 아예 창문을 없애는 집이 늘어났어요. 그로 인해 집 안 공기가 나빠져 사람들이 병을 앓자, 결국 창문세를 없앴답니다.

세금을 내든지 수염을 깎든지 - 러시아 수염세

1698년 러시아의 황제 표트르는 새로운 문물을 받아들여 나라를 발전시키기 위해, 수염을 기르는 문화를 없애려고 했어요. 이에 귀족들이 반대하자, 강제로 수염세를 받았지요. 그 뒤로 어떻게 됐냐고요? 세금을 내기 싫어서 너도나도 수염을 깎았다지 뭐예요.

수염세를 낸 귀족은 그 증거로 수염이 달린 코와 입 모양이 그려진 '수염 토큰'을 들고 다녔다고 해요.

전, 수염세 냈어요~.

방귀쟁이 소에게 세금을! - 에스토니아 방귀세

유럽의 에스토니아에서 소를 키우는 사람은 방귀세를 내야 해요. 소가 방귀를 뀌거나 트림할 때 나오는 이산화탄소와 메탄가스가 환경을 오염시키기 때문이에요.

에스토니아에서 발생하는 메탄가스 가운데 4분의 1이 소 때문에 생긴다니 그럴 만도 하지요?

뚱뚱하면 세금을 내라고? - 덴마크 비만세

뚱뚱한 게 무슨 죄라고 세금까지 내라는 거냐고요? 덴마크의 비만세는 뚱뚱한 사람이 내는 게 아니었어요. 사람을 살찌게 만드는 버터, 피자, 초콜릿, 식용유와 같은 식품에 세금을 매겼지요. 식품값이 오르면 그 식품을 찾는 사람이 줄어, 비만을 막을 수 있다고 생각했거든요. 하지만 그 기대는 빗나가 비만은 줄지 않았고, 결국 비만세는 없어지고 말았답니다.

참, 미국의 어느 주에서는 몸에 해로운 탄산음료에 세금을 붙였대요. 치아를 썩게 하고 살찌게 하는 탄산음료를 마시려면 세금을 내야 하는 것이죠. 만약 우리나라에 탄산음료 세금이 생긴다면 어떨까요? 친구들은 세금을 내고서라도 탄산음료를 마실 건가요?

공공 기관으로
체험 학습 떠나요!

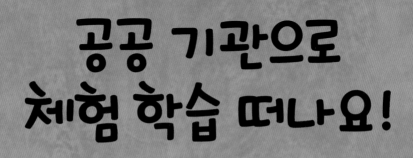

체험 경찰 박물관

저기, 저도 거들엇….

그래 결심했어! 비서, 뒤죽박죽 도시 사람들에게 할 말이 있으니 연설을 준비해 주세요.

네!

아아, 마이크 잘 나옵니까?

여러분! 우리 시에 공공 기관이 많이 생긴 건 알고 계시죠? 앞으로 공공 기관을 잘 이끌어 뒤죽박죽 도시가 아닌 반듯반듯 도시가 될 수 있게 노력하겠습니다!

와 / 와/

자, 질서를 지켜 주세요!

그래! 나, 결심했어!

뭘?

크크, 또 그 소리야?
너 그동안 꿈이 엄청
바뀌었잖아.
소방대원, 우편집배원,
공무원…. 이제 경찰이야?

난,
나중에 커서
경찰이 될 거야!

헛! 이번엔 얼마나
갈지 모르지만
경찰이 되고 싶은
이유나 들어 보자!

이번엔
진짜야!

착한 사람 괴롭히는
나쁜 사람을 잡고!

멋진 경찰복도 입고!

경찰차도 타고!

POLICE

아~.

역시, 그럼 그렇지!
경찰이 멋있어 보여서
되고 싶은 거군.

진짜 경찰이 되고 싶다면
이웃 도시에 있는 경찰 박물관에
가 보는 건 어때?

?

경찰 박물관?
경찰을 전시해 놓은 곳이야?
경찰이 그런 일도 해야 돼?

아니거든! 경찰이
어떤 일을 하는지 알려 주고,
경찰이 하는 일을 체험해
볼 수 있는 곳이야.

경찰 박물관을 소개합니다!

나중에 커서 경찰이 되고 싶은 사람이 있나요? 많은 친구들이 경찰이 되고 싶어 해요. 하지만 경찰이 언제 처음 생겼고, 어떤 일을 하는지 자세하게 알고 있는 사람은 별로 없지요.

우리나라에 지금과 같은 모습의 경찰이 생긴 건 1945년이에요. 하지만 경찰의 역사는 무척 오래됐어요. 국가가 생기기 전부터 경찰 역할을 하는 병사들이 있었거든요. 이들은 부족에서 마련해 준 무기로 도둑이나 나쁜 일을 하는 사람을 잡아 가두었다고 해요. 삼국(고구려·백제·신라), 고려, 조선 시대를 거치면서 경찰과 같은 역할을 하는 곳인 군사 기관이 생겼답니다.

경찰 박물관을 살펴보며 더 자세한 이야기를 해 볼까요?

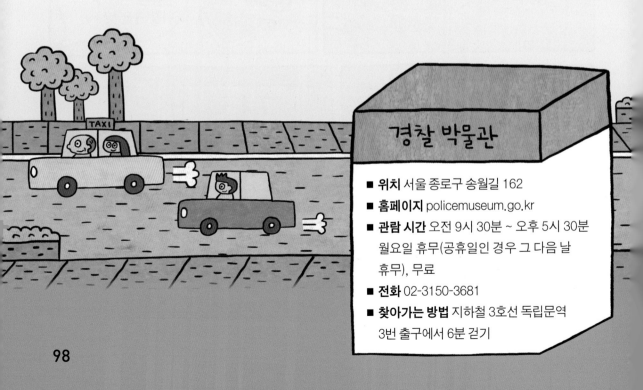

경찰 박물관

- **위치** 서울 종로구 송월길 162
- **홈페이지** policemuseum.go.kr
- **관람 시간** 오전 9시 30분 ~ 오후 5시 30분
  월요일 휴무(공휴일인 경우 그 다음 날 휴무), 무료
- **전화** 02-3150-3681
- **찾아가는 방법** 지하철 3호선 독립문역
  3번 출구에서 6분 걷기

육모 방망이

경찰 박물관 4층에 가면 옛날부터 지금까지 경찰의 역사를 살펴볼 수 있어요.

조선 시대에는 경찰서를 포도청, 경찰을 포졸이라고 불렀어요. 포졸은 총 대신 박달나무로 만든 육모 방망이를 차고, 수갑 대신 오랏줄을 들었지요.

일제 강점기에 우리 주권을 빼앗기면서 경찰은 제 힘을 쓸 수 없었어요. 그러다가 (빼앗긴 주권을 되찾기 위해) 상하이에 대한민국 임시 정부가 들어서자, 우리 교민과 독립운동가를 보호하고, 밀정*을 찾아 뿌리 뽑는 데 힘을 쏟았지요.

1945년, 현재의 대한민국 경찰이 탄생했어요. 오늘날 경찰은 국민을 안전하게 보호하는 일 말고도 교통을 단속하고, 대통령을 경호하고, 범죄자를 잡는 등 다양한 일을 하지요.

★ **밀정** 남몰래 사정을 살핌. 또는 그런 사람

3층 과학 수사·특수 경찰이 뭐예요?

3층에서 가장 인기 있는 곳은 과학 수사 기법과 첨단 장비들을 전시한 공간이에요. 범죄자가 죄를 지었다는 증거를 찾는 등 범인을 잡기 위해 하는 일을 수사라고 해요. 수사는 경찰이 하는 가장 중요한 일 가운데 하나지요. 수사할 때는 정확함이 생명이에요. 엉뚱한 사람을 범인이라고 오해하면 안 되니까요. 그래서 요즘엔 과학 수사*를 통해 신중하게 범인을 가려낸답니다.

★ **과학 수사** 범죄 수사에 물리학·화학·의학·생물학·심리학 등 다양한 지식과 기술을 응용하는 수사 방법

이곳에서는 과학 수사에 쓰이는 첨단 장비를 볼 수 있어요. 현장의 증거를 채취하는 데 필요한 과학 수사 현장 감식 세트, 빛의 파장으로 흔적을 찾는 법광원 장비 등이 그것이지요.

이뿐만이 아니에요. 3층에는 테러나 도시에 큰 피해를 입히는 범죄에 맞서 싸우는 특수 경찰의 제복과 소지품을 전시한 곳도 있어요.

또 범죄를 예방·대비하는 생활 안전 경찰, 도로의 질서를 정리하는 교통 경찰에 대해서도 소개하고 있지요.

3층 범인아 꼼짝 마라! 경찰 체험

백발백중! 사격 체험

권총을 손에 쥐고 어깨 너비로 발을 벌린 다음, 표적을 향해 방아쇠를 당겨 봐요. 범인이 무기를 들고 덤비는 등 특히 위험한 상황에 쓰이는 도구니까 조심해서 다뤄야 해요.

범인 얼굴을 찾아라! 몽타주 만들기

몽타주는 목격자*가 증언한 눈·코·입 등의 생김새를 모아 범인의 얼굴을 만드는 방법이지요. 직접 이목구비를 선택해 내 얼굴을 몽타주로 만들어 볼 수도 있어요. 실제 모습과 닮았는지 비교해 봐요!

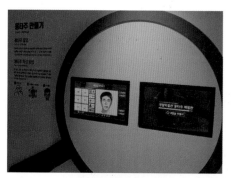

몽타주는 프랑스어로 '조립한다.'는 뜻

⭐ **목격자** 어떤 일을 눈으로 직접 본 사람

현장에 남은 범인 지문 찾기

지문은 손가락 마디 안쪽에 있는 무늬로, 사람마다 다 다르답니다. 내 지문은 세상에 딱 하나뿐인 셈이지요. 그래서 지문이 있으면 범인을 잡기가 훨씬 쉬워요. 맨손으로 무언가를 만지면 대부분 지문이 남는데, 유리·그릇·금속·벽 등에 특히 선명하게 찍힌답니다. 사건 현장에서 채취한 지문을 지문 자동 검색 시스템에 검색해서 범인을 찾을 수 있어요.

내 지문 모양은 어떻게 생겼을까?

사람의 지문은 크게 달팽이 모양, 말발굽 모양, 활 모양으로 나뉘어요. 스탬프잉크나 물감, 인주를 엄지손가락에 묻힌 뒤, 흰 종이에 눌러 보세요. 그리고 흰 종이에 찍힌 지문이 어떤 모양인지 관찰해 보세요.

달팽이 모양　　　말발굽 모양　　　활 모양

3층 경찰 옷 입고 경찰차 타고!

자, 이제 경찰복을 입고 경찰차를 타고 출동해 볼까요? 어라, 벌써 경찰차에 타고 있다고요? 하하, 어린이 경찰이 따로 없네 요! 정말 멋져요.

출동해 볼까?

경찰차 모습이 요즘과 다르 죠? 옛날 경찰차라서 그래 요. 차 색깔이 흰색이라 '경찰 백차'라고 불렀지요. 시간이 흐르면서 경찰차는 승용차 로 바뀌고, 차 위에 경광등★ 도 달았답니다.

달려라 달려!

★ **경광등** 긴급함을 알리기 위해 차 의 위쪽에 다는 붉은빛을 내는 등

106

근무복 체험 후 제자리에 걸어주세요

경찰복 팔 부분에 수놓아진 마크가 보이나요? 이 마크는 매의 한 종류인 참수리가 무궁화를 잡고 하늘 높이 날아오르는 모습이에요. 참수리는 경찰, 무궁화는 우리나라와 국민을 상징하지요. 경찰이 나라와 국민을 보호함과 동시에 우리나라를 이끌어 나가겠다는 의미를 담고 있다고 해요.

하하.

멋있어 보이지 않니?

경찰의 역사와 하는 일을 살펴보고
체험할 수 있는 곳

경찰 박물관

- **위치** 서울 종로구 송월길 162
- **홈페이지** policemuseum.go.kr
- **관람 시간** 오전 9시 30분 ~
  오후 5시 30분, 월요일 휴무
  (공휴일인 경우 그 다음 날 휴무), 무료
- **전화** 02-3150-3681
- **찾아가는 방법** 지하철 3호선 독립문역
  3번 출구에서 6분 걷기

경찰 박물관을 관람할 땐
2층 박물관 입구로 들어가
4층 경찰 역사실을 보고
3층으로 내려가 경찰 이해·체험실을
관람하면 좋아요. 3층에는 시뮬레이션
사격장이 있지요.

수사

범죄자가 죄를 지었다는 증거를 찾는 등 범인을 잡기 위해 하는 일

과학 수사

범죄 수사에 물리학·화학·의학·생물학·심리학 등 다양한 지식과 기술을 응용하는 수사 방법

내 지문은 어떻게 생겼을까?

사람의 지문은 크게 달팽이 모양, 말발굽 모양, 활 모양으로 나뉨

달팽이 모양　　**말발굽 모양**　　**활 모양**

경찰복 · 소방복은 왜 입나요?

시청이나 주민 센터에서 일하는 공무원은 자유롭게 옷을 입어요. 하지만 경찰은 경찰복을, 소방대원은 소방복을, 우편집배원은 집배원복을 입지요. 그 이유는 무엇일까요? 설마 "멋있어 보이려고!"라고 대답하는 친구들은 없겠죠?

경찰복·소방복을 입는 이유

1. 한눈에 알아볼 수 있어요!

　옷만 봐도 그 사람이 무슨 일을 하는지 알 수 있도록 하기 위해서예요. 멀리서도 한눈에 알아보고 도움을 요청할 수 있도록 말이에요.

2. 몸을 보호해요!

　경찰복이나 소방복은 일반 옷과 달라요. 경찰복은 밖에서 활동하는 일이 많아서, 튼튼하고 잘 더러워지지 않는 옷감으로 만들어요. 불을 끄는 일을 하는 소방대원의 옷은 불에 잘 타지 않는 옷감으로 만든답니다.

또 다른 공공 기관 체험, 여기 모여라!

한국은행 화폐 박물관

우리나라의 중앙은행*인 한국은행에 있는 화폐 박물관! 화폐의 역사와 탄생 과정 등을 알려 줘요.

위치 서울시 중구 남대문로 39 / **홈페이지** museum.bok.or.kr
전화번호 02-759-4881 / **개관 시간** 오전 10시 ~ 오후 5시(월요일 휴관)

기상청 체험 학습

기상청은 우리나라의 날씨를 관측하고 예보하는 공공 기관이에요. 일기도 그리기, 날씨 관측 장비 관찰하기, 기상 캐스터 해 보기 등의 체험 프로그램이 있지요.

위치 서울시 동작구 여의대방로 16길 61 / **홈페이지** web.kma.go.kr / **전화번호** 02-2181-0900
개관 시간 개인 체험(매주 수요일), 단체 체험(매주 화·목요일). 예약 필수

수도 박물관

수돗물은 빗물·강물·지하수 등을 깨끗하게 처리한 것이에요. 이 일을 하는 곳은 정수장이고, 공공 기관 가운데 하나지요. 수도 박물관에서는 우리나라 최초의 수돗물 이야기와 물·환경에 대해 살펴볼 수 있어요.

위치 서울시 성동구 왕십리로 27 / **홈페이지** arisu.seoul.go.kr/arisumuseum
전화번호 02-3146-5921 / **개관 시간** 오전 9시~오후 6시(월요일 휴관)

★ **중앙은행** 한 나라의 금융과 화폐 등에 대한 일을 하는 은행

1 공공 기관이란 어떤 일을 하는 곳을 말하는 걸까요? 한자의 뜻을 찾고, 공공 기관을 정의해 보세요. 서술형문항대비 ✓

公 共   공공 기관이란?
....
....

2 다음은 도시에서 볼 수 있는 공공 기관이에요. 다음 중 공공 기관인 것에 동그라미 쳐 보세요.

어떤 곳이
공공 기관일까?

공공 도서관   서점   소방서   우체국
음식점   백화점   경찰서   병원

3 공공 기관은 일반 기업과는 다른 특징들이 있답니다. 다음 중 공공 기관이 가진 특징이 아닌 것은 무엇인가요?

① 국민들이 혼자서 해결할 수 없는 일을 하며, 안전하고 편안하게 살 수 있도록 돕는다.
② 국민이 낸 세금으로 운영된다.
③ 국민 모두의 소중한 재산이므로 이곳을 이용하려면 꼭 돈을 내야 한다.
④ 공공 기관에서 일하는 사람은 공무원이다.

4 다음 대화를 읽고 빈칸에 들어갈 말을 〈보기〉에서 찾아 쓰세요.

우리 마을에 장애인 학교는 절대 안 돼요. 마을 전체의 이미지가 나빠지고 동네 집값도 떨어질 게 뻔해요.

더불어 사는 사회를 위해 조금만 이해해 주세요. 꺼려지는 시설이라고 반대하는 (   ) 현상은 이제 사라져야 한다고 생각해요.

보기

님비(NIMBY)   핌피(PIMFY)

1 옛날 공공 기관과 그에 해당하는 오늘날의 공공 기관을 짝지어 보
세요.

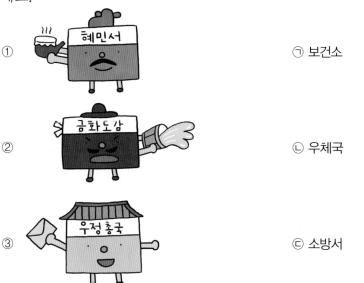

① 혜민서   ㉠ 보건소

② 금화도감   ㉡ 우체국

③ 우정총국   ㉢ 소방서

2 관아는 옛날 벼슬아치들이 모여 나랏일을 하던 곳이에요. 고을에
서 일어나는 거의 모든 일을 관아에서 처리했지요. 다음 중 관아에
서 했던 일을 잘못 설명한 것은 무엇인가요?

① 백성들이 다툼을 벌이다 찾아오면 판결을 내렸다.
② 기념 화폐를 만들었다.
③ 중요한 손님이 찾아오면 대접했다.
④ 죄인을 가두고 벌했다.

3 다음은 조선 시대 최고의 의원으로 꼽히는 허준의 이야기예요. 빈 칸에 들어갈 알맞은 말을 〈보기〉에서 찾아 써 보세요.

허준은 가난한 백성들을 무료로 치료하던 (①)에 들어가 병자들을 돌보았어요. 그의 뛰어난 실력은 궁에까지 소문이 났지요. 나중에 허준은 선조 임금의 병을 고치는 (②)가 되었답니다.

보기

혜민서　　　내의원　　　금화도감　　　어의　　　전의감

4 이 사건은 우리나라 최초의 우체국인 우정총국과 관계가 있어요. 이 사건 때문에 우정총국은 생긴 지 한 달도 안 되어 없어지고 말았지요. 다음 글에서 설명하는 이 사건은 무엇인가요?

외국의 새로운 문물을 적극 받아들여야 한다고 주장한 김옥균·박영효·홍영식 등이 우정총국이 생긴 것을 기념하는 잔치에서 일으킨 난리이다. 하지만 3일 만에 실패로 끝나고 말았다.

① 갑신정변　　　② 임진왜란　　　③ 동학 혁명　　　④ 6·25 전쟁

1 많은 사람들이 이용하는 시설을 합리적으로 꾸미는 일을 공공 디자인이라고 해요. 다음 중 좋은 공공 디자인이라고 할 수 없는 것은 무엇일까요?

① 값비싼 재료만을 사용한 디자인　　② 환경을 생각하는 디자인
③ 독특하고 아름다운 디자인　　　　④ 이용하는 사람이 편리한 디자인

2 세계의 공공 건축물들이에요. 건축물의 사진과 그에 알맞은 설명을 짝지어 보세요.

①

㉠ 오렌지 조각을 보고 건물 모양의 아이디어를 얻은 오스트레일리아 시드니의 오페라 하우스

②

㉡ 기차역이었던 곳을 미술관으로 바꾼 프랑스 파리 오르세 미술관

③

㉢ 에너지 절약을 실천하는 영국 런던 시청

3 뒤죽박죽 도시에 어린이 도서관이 생겼어요. 그런데 어린이가 사용하기에 불편함 점이 있어 보이네요. 어떤 점을 어떻게 고치면 좋을까요? 이유와 함께 써 보세요. `서술형 문항 대비` ✅

4 다음 사진 가운데 하나를 골라 공공 디자인을 해 보세요. 친구들의 상상력을 마음껏 발휘해요.

1 공공 기관을 짓고, 운영하기 위해서는 돈이 필요해요. 정부가 나라 살림에 쓰기 위해 국민으로부터 거둬들이는 돈을 뭐라고 할까요?

2 뒤죽박죽 도시에서 새해 예산을 발표했어요. 밑줄 친 예산을 읽어 보세요.

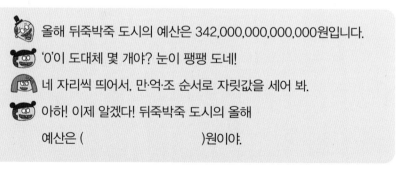

올해 뒤죽박죽 도시의 예산은 342,000,000,000,000원입니다.

'0'이 도대체 몇 개야? 눈이 팽팽 도네!

네 자리씩 띄어서, 만·억·조 순서로 자릿값을 세어 봐.

아하! 이제 알겠다! 뒤죽박죽 도시의 올해

예산은 (   )원이야.

342,000,000,000,000

3 우리나라 인구를 보통 오천만 명이라고 해요. 이 수를 자릿값을 잘 생각해 숫자로 바꿔 보세요.

(   )

4 나라에서는 심각한 사회 문제가 생겼을 때, 그 일에 대한 세금을 만들어 문제를 해결하기도 해요. 미국의 한 주에서 탄산음료에 세금을 붙인 것이 그 예지요. 치아를 썩게 하고 살찌게 하는 탄산음료를 먹으려면 세금을 내야 한다는 뜻이랍니다. 〈보기〉의 사회 문제 가운데 하나를 골라 그 문제를 해결할 세금을 만들어 보세요. 서술형문항대비 ✔

> **보기**
>
> • 학교에서 왕따 문제로 반 친구에게 괴롭힘당하는 아이가 있어요.
> • 전기와 물을 마구 써서 에너지를 낭비하고 있어요.

예 유럽 에스토니아에서 소를 키우는 사람은 방귀세를 내야 해. 메탄가스 때문에 환경이 오염되는 걸 막기 위해서지. 에스토니아에서 발생하는 메탄가스 가운데 4분의 1이 소 때문에 생기기 때문이야.

1 설명을 읽고 다음 중 경찰이 하는 일이 아닌 것을 골라 보세요.

　① 죄를 지은 범죄자 잡기
　② 국민을 안전하게 보호하기
　③ 교통 정리하기
　④ 화재가 나면 불 끄기

2 주민 센터·시청에서 일하는 공무원은 자유롭게 옷을 입어요. 하
　지만 경찰은 경찰복을 소방대원은 소방복을 입지요. 경찰복과 소
　방복을 입는 이유는 무엇일까요? 서술형문항대비 ✔

3 우리 동네 또는 우리 지역에 있는 공공 기관을 다녀온 뒤 체험 학습 보고서를 써 보세요.

날짜		이름		학년, 반	
장소					
가는 방법					
체험 학습 내용	체험 학습 전 알았던 사실				
	체험 학습 뒤 알게 된 점				
느낀 점					
아쉬운 점					

1. '나'가 아닌 '우리'를 위해 일해요

1. 함께 공, 여럿이 공. 공공 기관은 모든 사람의 이익을 위해 일하는 곳이다. 사람들에게 꼭 필요하지만 혼자서는 할 수 없는 일을 해결한다.
2. 공공 도서관, 소방서, 우체국, 경찰서
3. ③. 공공 기관은 대부분 무료이거나 적은 돈을 내면 이용할 수 있다.
4. 님비(NIMBY)

2. 머나먼 옛날에도, 공공 기관이 있었을까요?

1. ①-㉠, ②-㉢, ③-㉡
2. ②
3. ① 혜민서 ② 어의
4. ①

3. 공공 기관에 꽃이 피었습니다?!

1. ①
2. ①-㉠, ②-㉢, ③-㉡
3. 어린이가 앉기에 적당한 크기의 의자로 바꾼다. 책장을 낮게 바꿔, 어린이가 스스로 책을 꺼낼 수 있게 한다.

4. 공공 기관의 밥줄, 세금

1. 세금
2. 삼백사십이조
3. 50,000,000

5. 공공 기관으로 체험 학습 떠나요!

1. ④
2. 한눈에 알아볼 수 있게 하기 위해서이다. 멀리서도 알아보고 도움을 요청할 수 있어야 하기 때문이다. / 몸을 보호하기 위해서이다. 경찰복은 튼튼하고 잘 더러워지지 않는 옷감으로, 소방복은 불에 잘 타지 않는 옷감으로 만든다.

찾아보기

ㄱ

간접세 ························· 77
거짓말 탐지기 ················ 104
경찰 박물관 ················· 98
경찰서 ························· 19
공공 ························· 16
공공 기관 ···················· 16
공공 도서관 ·················· 18
공공 디자인 ·················· 54
공기업 ························ 21
공무원 ························ 23
과학 수사 ··················· 102
관아 ························· 36
교육지원청 ··················· 18
금화도감 ····················· 38

ㄴ

내의원 ························ 41
님비 ························· 28

ㄹ

런던 시청 ··················· 63
런던 지하철 ·················· 68

ㅁ

만 ·························· 82

ㅂ

방귀세 ························ 91
비만세 ························ 91

ㅅ

서울 시립 미술관 ············· 61
서울 을지로 119 안전 센터 ····· 60
서울 혜화동 주민 센터 ········· 59
세금 ························· 76
소방서 ························ 19
수염세 ························ 90
순천 기적의 도서관 ··········· 58
시드니 오페라 하우스 ········· 62
시애틀 공공 도서관 ··········· 64
시청 ························· 18

ㅇ

억 ·························· 84

영국 박물관 ·········· 47

예산 ·························· 78

우정총국 ··············· 42

우체국 ····················· 19

이집트 알렉산드리아 도서관 ······· 46

ㅈ

작은 수 읽기 ·········· 80

전의감 ··················· 41

제중원 ··················· 40

조 ·························· 84

조금 큰 수 읽기 ······ 82

주민 센터 ··············· 19

지문 자동 검색 시스템 ······· 105

지방 자치 ··············· 26

직접세 ··················· 77

ㅊ

창문세 ··················· 90

체전부 ··················· 43

ㅋ

큰 수 읽기 ·············· 84

ㅍ

파리 오르세 미술관 ······· 65

풀뿌리 민주주의 ······· 26

핌피 ······················· 29

ㅎ

혜민서 ··················· 40